AF370901

DEFENSE
DE LA FACVLTE
DE MEDECINE
DE PARIS.

Contre Me François Blondel, Docteur Regent
en ladite Faculté.

Dans laquelle il est prouué & justifié par raisons, authoritez, & expe-
riences que l'Emetique composé d'Antimoine est vn souuerain Remede
pour la guerison de plusieurs Maladies, & que ceux qui s'en seruent
ne sont point Empiriques, Heretiques, ny Empoisonneurs.

Par M^e I A C Q V E S T H E V A R T, Conseiller Medecin du Roy,
Docteur Regent en ladite Faculté, ancien Professeur.

Qui ante nos ista mouerunt non Domini nostri, sed Duces sunt, patet omnibus
veritas nondum est occupata. Seneca.

A PARIS,

Chez EMMANVEL LANGLOIS, ruë S. Iacques,
à la Reyne du Clergé, prés la vieille Poste.

M. DC. LXVIII.

AVEC APPROBATION ET PERMISSION.

Approbation de la Faculté.

NOVS Doyen & Docteurs Regens en la Faculté de Medecine à Paris, Certifions auoir leu & examiné la Defense de la Faculté faite par Me IACQVES THEVART Docteur Regent en ladite Faculté, Professeur en Medecine és Escoles d'icelle, dans laquelle nous n'auons rien trouué que de conforme à la verité & bonne doctrine; c'est pourquoy nous permettons qu'elle soit imprimée. Fait à Paris ce 4. Février 1656.

LE VIGNON,
Doyen.

DIEVXIVOYE. DE BOVRGES.

DENYAV. LE MERCIER.

Permis d'imprimer. A Paris ce 10. Ianvier 1668.

DE LA REYNIE.

DEVXIE'ME DEFENSE DE LA FACVLTE' DE MEDECINE DE PARIS.

Contre Me François Blondel, Docteur Regent en ladite Faculté :

Dans laquelle il est prouué & iustifié par raisons, authoritez & experiences que l'Emetique composé d'Antimoine est vn souuerain Remede pour la guerison de plusieurs maladies, & que ceux qui s'en seruent ne sont point Empiriques, Heretiques, ny Empoisonneurs.

Par Me IACQVES THEVART, Conseiller Medecin du Roy, Docteur Regent en ladite Faculté, Ancien Professeur.

Ad Calumnias tacendum non est, non vt contradicendo nos ipsos vlciscamur, sed ne mendacio inoffensum progressum permittamus, aut eos qui seducti sunt damnio quo afficiuntur inhærere sinamus. S. Basil. Epist. 63.

A PARIS,

Chez EMMANVEL LANGLOIS, ruë S Iacques, à la Reyne du Clergé, prés la vieille Poste.

M. DC. LXVIII.
AVEC APPROBATION ET PERMISSION.

Approbation de la Faculté.

NOvs Doyen & Docteurs Regens de la Faculté de Medecine à Paris, Certifions auoir leu & examiné la Seconde Defenfe de ladite Faculté, dans laquelle nous n'auons rien remarqué que de conforme à la verité & bonne doctrine ; C'eft pourquoy nous permettons qu'elle foit imprimée. Fait à Paris ce 10. Decembre 1667.

DE BEAVRAINS,
Ancien Maiftre de la Faculté.

MAVVILLAIN,
Doyen de la Faculté.

LE MERCIER.

LE VIGNON,
Cenfeur de la Faculté.

DENYAV.

DE BOVRGES.

Permis d'imprimer. A Paris ce 10. Ianvier 1668.

DE LA REYNIE.

DEFENSE

De la Faculté de Medecine de Paris.

Contre Mᵉ François Blondel Docteur Regent en ladite Faculté.

E Procez que le sieur Blondel a intenté contre le sieur Theuart, Docteur Regent en la Faculté de Medecine à Paris, & Professeur en Medecine és Escholes d'icelle; & apres au sieur le Vignon, Doyen de ladite Faculté, n'est qu'vne suite de ses iniustes pretentions, vexations, & contrauentions aux Statuts & Decrets de la Faculté.

La premiere a esté lors qu'il s'est voulu faire continuer dans la Charge de Professeur Botanique, au préiudice du Statut 64. qui porte que personne ne sera promeu deux fois à vne même Charge, *Nisi Vniuersus ordo consentiat, & ex præsentibus nemo reclamet*; la Faculté ayant desiré que chaque Docteur s'instruisist à son tour dans la connoissance des Plantes, qui sçait bien que, *Homines dum docent discunt*: Il est vray qu'il a fait cette profession cinq ans, mais il faisoit entendre à la Faculté qu'il auoit vn Iardin en sa maison, & qu'il ne vouloit point de gages, comme apert par la page 327. du Registre 13. par ces mots; *Dignum porrò iudicaui commemoratione, & commendatione illud quod Collega noster M. Franciscus Blondel recusauerit honorarium illud Decretum, & gratias insuper egerit de Electione eius facta in professorem Botanicum.*

Senec.

La seconde a paru quand à la fin de son Decanat il a fait tous ses efforts pour se faire continuer dans la Charge de Doyen, ce qui ne s'estoit iamais pratiqué, au préiudice dudit Statut: Les Docteurs s'y opposerent, & prirent acte de leur opposition; & pour cét effet, presenterent leur Requeste à la Cour, pour faire maintenir & garder leurs Statuts : Et ledit sieur Blondel voyant qu'il estoit prest d'estre debouté de sa pretention injuste, il s'auisa

A

adroitement de ſe pouru_eo_ir à la Cour par vne Requeſte qu'il y preſenta
auſſi de ſa part ; par laquelle il remonſtra qu'on deſiroit le continuer dans la
charge de Doyen par force, & qu'il ne deſiroit point l'eſtre, & conclud à ce
qu'il fut ordonné qu'il aſſembleroit la Faculté pour faire election d'vn
autre en ſa place : Ce qui fut agreé par toute la Compagnie, & executé.

La troiſiéme a eſté lors qu'en la perſonne du ſieur Moriſſet ſon ſucceſſeur
en la Charge de Doyen, que les Statuts appellent *Caput Facultatis*, Il a
exercé ſon animoſité, l'ayant fait empriſonner malicieuſement & iniuſtement pour vne ſomme de mil liures le 11. Iuillet 1663. au préiudice des
defences qui luy auoient eſté ſignifiées le 4. deſdits mois & an, par vn attentat contre l'authorité de la Cour, de laquelle ſomme il ne luy eſtoit deu
que la ſomme de deux cent liures, comme à ſept autres Profeſſeurs ſes Confreres ; pour raiſon dequoy il a eſté obligé d'en faire ſatisfaction en preſence
de Monſieur Doujat Conſeiller en la Cour, d'vn Subſtitut de Monſieur le
Procureur General, & de toute la Faculté, dans l'Officialité de Noſtre
Dame.: & l'empriſonnement a eſté declaré iniurieux, tortionnaire, & déraiſonnable, par Arreſt du 31. Decemb. 1664.

La quatriéme a eſté lors que de ladite ſomme de mil liu. que ledit ſieur
Moriſſet auoit receuë de l'Vniuerſité, faiſant partie de 1600 liu. pour
les gages de huit Profeſſeurs de l'Eſcole, ſuiuant l'Arreſt de la Cour du 7.
Septemb. 1651. Il a retenu & retient encore en ſes mains la ſomme de
deux cent liu. pour les gages d'vn des huit Profeſſeurs pour l'année 1650.
quoyque la conceſſion de l'Vniuerſité ne fut pas encore faite, ny ledit Arreſt de la Cour rendu : & quant aux autres ſix cens liures, ils ne luy eſtoient
deubs que dans la ſuitte des temps comme aux autres Profeſſeurs ; & pour
parler en termes de Droit, *Dies nondum ceſſerat*.

La cinquiéme a eſté lors que ledit ſieur Blondel, non content d'auoir fait
empriſonner ledit ſieur Moriſſet Doyen pour ladite ſomme de mil liu. dont
il ne luy eſtoit deu lors que la ſomme de deux cent liu. laquelle faiſoit partie
deſd. ſeize cens liu. donnée par l'Vniuerſité. Il s'eſt oppoſé le 8. Iuin 1663.
entre les mains du ſieur Morand, lors Doyen, à ce que du ſurplus de ladite
ſomme de mil liu. montant à la ſomme de 600 liu. les ſieurs Theuart, Puylô, & autres Profeſſeurs, ne fuſſent payez de leurs gages, dót il s'eſt deſiſté,
voyát que leſd. Profeſſeurs auoient fait inſtance pour en auoir le payement.

La ſixiéme a eſté lors qu'apres eſtre ſorty de la Charge de Doyen il a
pris des loyers de la Faculté qui eſtoient deubs par le ſieur Mazuel, montant
à la ſomme de huit cent cinquante liures, qu'il garde & tient encore en ſes
mains depuis enuiron cinq ans ; pour raiſon dequoy la Faculté le 18. Ianuier 1666. par ſon Decret, a ordonné qu'il ſeroit pourſuiuy pour la reſtitution de ladite ſomme de huit cent cinquante liures.

La ſeptiéme a paru lors que le ſieur Blondel, & ſes adherans, ont intenté
vn procez au ſieur de Bourges, ancien Doyen, pour raiſon d'vne Theſe qu'il
auoit ſignée, conçeuë en ces termes, *An pleuritidis initio lenior purgatio ?* Ils
firent leurs efforts pour empêcher qu'elle ne fuſt ſoûtenuë, & meſme porterent l'affaire au Parlemét, Monſieur l'Aduocat General Bignon, defunt,

Aprés auoir ouy la lecture des Liures d'Hippocrate & de Galien, dit au Parquet: *le voy bien, Messieurs, que c'est l'Antimoine qui cause ce different entre vous, mais si nous auions vne question de Medecine à decider nous l'enuoye-rions à vôtre Faculté, vos Theses sont Problematiques, ce n'est qu'vne question de nom.* Ils refuserent de suiure ce conseil, aussi iuridique, que charitable: La cause fut portée à l'Audiance, & plaidée; & par Arrest renuoyée à la Fa-culté, pour y estre decidée en presence de deux de Messieurs les Conseillers deputez par la Cour. La These fut soûtenuë, apres la Conclusion faite à la pluralité des voix. Et lors on fit veoir au sieur Blondel, que dans vne These de la mesme maladie, *de Pleuritide,* qu'il auoit soûtenuë autrefois, il ordon-noit du *Peplium,* & de *l'Ellebore,* comme Hippocrate, qui sont les medica-mens les plus violens qu'il y ait, & ne vouloit pas qu'on donnast vn remede doux & benin comme la casse, qui est œccoprotique, & bechique tout ensemble: *Malus iudex qui aliam de sua, aliam de aliena causa sententiam fert.*

Il est aisé de iuger que le sieur Blondel en veut à present faire de mesme, & rendre Messieurs de la Cour Iuges d'vne question de Medecine sur le suiet de l'Antimoine, desia iugée & terminée.

La huitiéme se iustifie par le procez qu'il a intenté à la Faculté sur la demande qu'auoit fait ledit sieur Theuart, pour raison d'vne fausseté com-mise dans les Registres, qui sont comme des deposts sacrez, deux fueillets ayant esté collez ensemble malicieusement pour supprimer vne opposition que ledit sieur de Theuart y auoit formée le 21. Février 1656. pour le bien public, & la recherche de la verité, & maintenir les Statuts & Decrets & la Discipline de l'Escole, & la liberté de tous les Docteurs, *Veritas*   Tertull. *non erubescit nisi solummodo abscondi.*

Apres la grande contestation qui a duré dans la Faculté de Medecine quelques années sur le suiet du Vin Emetique composé d'Antimoine; ceux qui tenoient l'opinion contraire se voyans reduits de reconnoistre la verité contestée par vn si long-temps, & la bonté dudit remede, s'avi-serent lors de l'Assemblée, faite en la Faculté le 15. Février 1656. pour vn autre suiet, de faire ordonner que, *Sedanda vitandaque dissensionis, pacisque & concordia inter collegas concilianda ac nutrienda causâ, publica emnis de stibio sermone scriptóve mentio prohibeatur, liberum tamen sit vt fuit hactenus, illud priuatim apud agros quoties opus erit, proponere, præscribere, propinare, vetan-dum interim sub pœnâ expunctionis & priuationis, ne quis stibio ipso vtentes, conuiciis vllis afficiat, infaustósque morborum exitus isti medicamento exhibito vel omisso adscribat.*

Huic autem conclusioni, statim coram omnibus intercessit. M. Germanus Hureau suámque intercessionem eo ipso die vesperi iterauit scripto per apparito-rem de Richemont ad Decanum misso, vt legere est infra. pag. 280.

Intercessit & M. Iacobus Theuart 21. eiusdem Februarij. 1656. per alium Apparitorem nomine Le Comte, cuius intercessionis exemplar habetur infra p. 281.

Die Lunæ 21. Februarij 1656. horâ 2. pomeridiana conuocati speciali articulo Doctores in superiores Scholas de confirmanda pacis ergo postremâ Facultatis super Stibio conclusione deliberaturi, necnon de intercessione ipsi conclusioni factâ à M.

Germano Hureau post auditum ipsum M. Germanum Hureau, &c.

Perlectâ item, M. Iacobj Theuart absentis intercessione, qua contendit integrum non esse Facultati scriptione ac disputatione de stibio Doctoribus interdicere, quod ejusmodi Interdictio refragetur statutis, articulo nimirum 33. quoquidem licentia cuique Doctori concessa est legendi interpretandi & faciendi medicinam, adeoque & scribendi de medicamentis quibuslibet, quorum in censu stibium est à Facultate in codice medicamentario locatum, idemque vnius & sexaginta Doctorum chirographo comprobatum, praterea silentium de Antimonio nihil ad sedanda medicorum dissidia profuturum qua nempe debentur accepta non, vt perhibetur ipsi Antimonio, sed quorumdam Doctorum aduersum collegas inuidia pra qua eorum fama conantur detrahere, vsum Antimonij, quod deleterium pradicant, illis obiiciendo.

Ledit sieur Theuart s'opposa pour ce chef seulement audit Decret, & fit signifier ladite opposition audit sieur de Bourges Doyen, par le Comte, Huissier, lesdits iours & an, laquelle il mit & insera dans les Registres de la Faculté ; les causes & moyens de ladite opposition furent que ledit Emetique composé d'Antimoine ayant esté approuué par toute la Faculté, & mis dans le Codex ou recueil des medicamens vsuels par l'ordre de la Faculté en l'année 1638. loüé & confirmé par la Defense de la Faculté faite par le sieur Moreau ancien Doyen, & imprimée aux frais d'icelle, & encore par le témoignage de la plus grande partie des principaux Docteurs, mesme par ledit Decret du 15. Février 1656. & par l'experience iournaliere, maistresse de toutes choses, qu'il deuoit estre libre à tous Docteurs de lire, d'écrire, disputer, & faire des Theses dudit Remede, comme d'vn autre approuué par la Faculté: & qu'autrement ce seroit faire moins de cas de la santé & de la vie des particuliers, ausquels on permet d'en donner, que des disputes de l'Escole qui n'ont esté instituées que pour le bien public, & la recherche de la verité, & que c'estoit vne contrauention manifeste à l'article 33. des Statuts, qui porte, que dés-lors qu'vn Licentié à receu la benediction Apostolique de Monsieur le Chancelier de l'Vniuersité, il a le pouuoir de lire, d'enseigner, de faire la Medecine, & de parler des remedes approuuez concernans l'vsage d'icelle ; & que pour le regard du pretexte specieux de paix proposé, que ledit sieur Theuart l'a souhaittoit autant ou plus que toute autre, laquelle seroit fort facile à faire lors que ceux du party contraire quitteroient leur esprit d'aigreur pour prendre celuy de charité, & que d'ailleurs les Disputes & les Theses estoient problematiques, & que la dissention de l'Escole n'auoit esté causée que par vne ialousie & enuie contre les Confreres plus employez qu'eux pour les decrediter, en les appellans ignorans & empoisoneurs, & non par l'Emetique composé d'Antimoine. *Quid est dementius quàm bilem in homines collectam in res effundere ?*

Senec.

Et pour preuue conuaincante de cette verité, les sieurs Theuart & Renaudot, Docteurs Regents en ladite Faculté, ayant fait quelques apologies pour l'Antimoine, au lieu d'y répondre par ceux du party contraire,

& main-

& maintenir leur opinion par des raisonnemens de Medecine , on veit
à l'inftant paroiftre au iour vn Libelle diffamatoire imprimé à *Eleutheris*,
ville de Grece , intitulé ; *Alethophanis ad Iacobum Theuartum R. M. hoc eft
reum manifeftarium violati facramenti & corrupta artis*. Dans lequel le fieur
Vautier premier Medecin du feu Roy , & le fieur Vallot Premier Medecin du Roy à prefent regnant ; & les fieurs Guenaut, Desfougerais,
de S. Iacques, Theuart, Rainffant, Renaudot, Mauuillain, & autres
Docteurs , font grieuement calomniez, & traitez d'ignorans,Charlatans,
Soufleurs d'Alchimie, d'Heretiques,Empoifonneurs, Bourreaux, & Par-
ricides , qu'il faut mettre tous dans vn fac, auec vn dragon, vn coq, &
vn ferpent ,   ————— *Tam breuis , fed non capit*

    Tot parricidas aquus , haud samen æquus

    Culæus , inultum nec fcelus purgauerit

    Exafperatum gurgite infefto mare.

Cét autheur a foulé aux pieds toute forte de crainte, de refpect, & de honte,
encore que chacun fçache que , *Omne malum natura,aut timore , aut pudore* Tertull.
perfudit. Et s'il eft vray ce qu'a dit cét Ancien , que *Vituperari à malis
laudari eft , nec habet vllam authoritatem fententia vbi qui damnandus eft malè de* Senec.
te loquitur: Sans doute lefdits fieurs ont efté fort honorez de telles loüanges.

    Ce Libelle diffamatoire a efté trouué,non feulemét indigne d'vn Medecin
Chreftien, mais auffi d'vn Medecin tel que le fouhaite Hippocrate, qui
doit garder en toutes conuerfations la Iuftice & l'equité : χὴ ἰητρὸν ∂ίκαιον
εἶναι πρὸς πᾶσαν ὁμιλίην. C'eft pourquoy la Faculté de Medecine a tâché d'apporter remede à tels defordres par fes Statuts & Decrets,quant à l'Art 13.
de la reformation des Statuts , elle a dit, *Schola Medica Doctores amicitiam
inter fe colant* : Et par le Decret folemnel qui fe lit tous les ans au iour de
S. Luc Patron des Medecins. apres la Meffe, conçeu en ces mots : *Si quis
Doctor Doctori iniuriam intulerit dicto vel facto,expungatur è Catalogo Doctorum,
& priuetur omnibus honoribus , & emolumentis Scholæ.* Ce Libelle a efté condamné par deux Arrefts de la Cour des 26. May 1656. & 5. Iuin 1657.
L'Autheur de ce Libelle diffamatoire n'a pû eftre découuert, on a fçeu feulement dans la Faculté qu'il y auoit eu adiournement perfonnel decerné par
Monfieur le Lieutenant Criminel contre le fieur Blondel , dont il a inter-
-ietté appel , & l'on ne fçait pas s'il s'en eft purgé depuis, ou non.

    Ledit fieur Theuart ayant eu aduis que la fufdite Oppofition par luy
formée & inferée dans les Regiftres de l'Efcole, au moyen defdits deux
fueillets collez enfemble, eftoit fupprimée pour étoufer la verité, a crû
eftre obligé de porter fes plaintes à la Cour, fçachant bien que
    ————— *Quæ publica tangunt*   *Carpere conceffum eft.*   Horat.

Il a demandé permiffion d'informer contre l'Autheur de ladite fauffeté,
& que par prouifion ladite Oppofition fut remife dans le Regiftre à la
diligence du fieur le Vignon Doyen de la Faculté, lequel a reconnu ladite
fauffeté, & confenty par fon certificat du 9. Septembre 1665. qu'elle y
fut remife fous le bon plaifir de la Cour. Le fieur Guenaut , premier
Medecin de la Reyne, & Ancien Maiftre de la Faculté, a certifié de-

puis la mefme chofe, & confenty le 5. Decembre de l'année derniere, que pour obferuer la difcipline dans la Compagnie, & n'étoufer point la verité qui pourroit porter préiudice au bien public, que ledit acte d'oppofition foit écrit de nouueau dans ledit Regiftre. Comme auffi le fieur Richard Cenfeur de ladite Faculté, le 16. defdits mois & an, & ce pour le bien & vtilité de la Compagnie, & particulierement pour la conferuation des Decrets & Statuts, ainfi qu'il eft arriué en pareil cas depuis quelques années, le fieur Merlet eftant Doyen de la Faculté de Medecine, lequel ayant reconnu qu'on auoit fupprimé dans les Regiftres de ladite Faculté quatre fueillets, affembla la Compagnie, *fpeciali articulo*, le Lundy 27. Mars 1645. pour les y faire remettre ; & apres vne meure deliberation, fut conclud par ladite Faculté ce qui enfuit :

Quod ad primum reponenda & reftituenda quatuor quæ defunt folia & defiderantur in Commentario prioris anni Decanatus M. Petri Pijart, & inquirendum in tanti fceleris authorem, qui grauiffimâ mulctâ puniendus, quifquis facrilegâ manu adeò nefandum facinus perpetrare aufus fuerit.

Infuper typis mandandum hoc præfens Decretum, & ea quæ quatuor in foliis & Decanatu D. Pijart laceratis habentur, vt fingulis Doctoribus ad rei nouæ, fed damnanda memoriam diftribuantur, & ita conclufit Decanus, I. Merlet.

Mais il eft à noter qu'il y a bien de la difference entre l'vne & l'autre fauffeté faite dans les Regiftres, qui font comme des Depofts facrez, d'autant que celle qui a efté iugée par la Faculté eftoit particuliere de Docteur à Docteur, mais l'affaire dont il s'agit eft toute publique : & pour ce la Cour ayant veu ledit Decret, & s'eftant voulu informer de la verité du fait par l'infpection des Regiftres de l'Efcole, & defdits deux fueillets collez enfemble, & le certificat dudit fieur le Vignon, les extraits dudit Codex, & la Defence de ladite Faculté, & le témoignage de foixante & vn Docteurs mis au deuant du Liure dudit fieur Renaudot, intitulé, *L'Antimoine Triomphant*; comme auffi ledit Acte d'Oppofition dudit fieur Theuart fupprimé dans les Regiftres : contenant toutes les caufes & moyens d'oppofition, qui ne font point tous enoncez dans le Decret du 15. Février 1656. & notamment l'Arreft du 4. Ianuier 1652. qui defend de rien innouer ny rien attenter audit Codex, iufques à ce qu'autrement par la Cour en ait efté ordonné, & que les parties auront audiance au premier iour : LA COVR ayant veu lefdites pieces, a adiugé les Conclufions audit fieur Theuart en la Chambre des Vacations, duquel Arreft donné fur les Conclufions de Monfieur le Procureur General : Ledit fieur Blondel ayant eu aduis, & fans qu'il ait efté poffible audit fieur Theuart de le veoir, ny de fe le faire déliurer. Ledit fieur Blondel, qui auroit pû raifonnablement s'épargner le foupçon qu'il s'eft attiré luy-même, a prefenté fa Requefte à la Cour, par laquelle il expofe que ledit fieur Theuart veut induire vne calomnie contre luy, parce que les Regiftres ont paffé par fes mains, & dont d'autres Docteurs qui les ont eu en leur poffeffion pareillement ne fe formalifent point, a demandé à eftre receu oppofant à l'execution dudit Arreft, fi aucun y auoit, & que ledit Decret du 15. Février 651. feroit executé felon fa forme & teneur,' & fur icelle obtenu Arreft du 18. Decembre dernier, qui reçoit ledit fieur Blondel oppofant à l'execution dudit Arreft, fi aucun y auoit; pour faire droit fur laquelle oppofition , enfemble fur les contestations concernant l'vfage du Vin Emetique, inferé au Codex & Regiftres de la Faculté, dans lefquels l'oppofition dudit fieur Theuart eft interée, feront reprefen-tez, & rapportez pardeuant Monfieur le Rapporteur ; & que conformé-ment à certain Arreft datté du 30. Iuillet 1566. que ledit Theuart n'a iamais veu, qu'il ne fçait point, qui ne luy a point efté communiqué, & dont il n'y a eu aucune demande dans l'inftance que les parties con-tefteront pardeuant Monfieur Bignon Aduocat General, auquel ledit fieur Theuart , & ceux qui foûtiennent l'vfage du Vin Emetique, feront tenus de donner le Cayer & Memoire de Raifons pour répondre par ledit Blondel, & ceux qui foûtiennent fon opinion; & à cette fin, que l'Arreft feroit leu par le Doyen, pour en aduertir les Docteurs.

Et parceque le difpofitif de cét Arreft concerne moins ledit fieur Theuart que toute l'Efcole de Medecine , qu'il ne s'agit pas de defendre vne opinion dont il foit le partifan, ny l'autheur; & attendu que l'vfage duVin Emetique a efté receu & approuué par ladite Efcole, inferé de fon ordonnance dans le CODEX ou Recueil des Medicamens vfuels dans la pratique de la Medecine , authorifé par le plus grand nombre des principaux Docteurs, confirmé & loüé par la defence de la Faculté faite par l'ordre d'icelle, & l'experience iournaliere.

Ledit fieur Theuart a declaré qu'il n'entendoit point donner de me-moire particulier de fa part autre que ledit CODEX, & liures faits ap-prouuez par ladite Faculté que ledit fieur Theuart employoit , & qu'il fe rapportoit à ladite Faculté , à laquelle il appartient de connoiftre les remedes, & d'en difcerner l'vfage , de donner en execution dudit Ar-reft tel eftat ou memoire que bon luy femblera, ou de fe pourueoir contre iceluy, ainfi qu'elle verra bon eftre, même pour reparer la fauf-feté commife dans ledit Regiftre contre ceux qui l'ont commife, ou qui s'en trouueront les complices , & de pourfuiure & de foûtenir les Sta-tuts & Decrets.

Et partant, au cas qu'au préiudice de la prefente declaration ledit fieur Blondel continuant fa mauuaife procedure feroit quelque furprife, ou preuiendroit contre la verité, & au préiudice des Statuts & Decrets, la Religion de la Cour , iceluy fieur Theuart a protefté que le tout ne luy pourra nuire ny préiudicier à l'authorité defdits Statuts, ny aux Pri-uileges & aux Dogmes de la Faculté , feule partie capable de les expli-quer, & de les defendre, à ce que ledit fieur Blondel n'en pût ignorer, dont ledit fieur Theuart a requis acte.

Il appert de tout ce que deffus que ledit fieur Theuart, & la Faculté que le fieur Blondel a attaqué en fuitte, n'ont point dit que ledit fieur Blondel fut autheur de cette fauffeté, mais l'on peut dire qu'il femble vouloir loüer & approuer cette action, & s'en dire l'autheur, & que ,

Velut forex indicio fuo fe prodit, n'ayant parlé en aucune façon de luy, Il eſt vray qu'ayant veu vne fauſſeté commiſe dans les Regiſtres, on a demandé qu'elle fût reparée, on void vne playe, on ne recherche point qui l'a faite, mais feulement on tâche d'y apporter le remede conuenable, comme on a fait du temps dudit ſieur Merlet, & que *Nemo prudens punit, quia peccatum, eſt, ſed ne peccetur.* Enfin pour empêcher par ledit ſieur Blondel que ladite oppreſſion ne ſoit remiſe dans les Regiſtres pour le bien public, apres des preuues ſi authentiques de la bonté dudit Remede, & les experiences iournalieres auſquelles on peut adiouſter celles de leurs Maieſtez, qui ont pris l'Emetique dans leurs plus grandes maladies, auec vn tres heureux ſuccez : Et qu'il ne peut pas tomber ſous le ſens commun, que Meſſieurs les Prmiers Medecins du Roy, & de la Reyne, ayent donné à leurs Maieſtez vn remede le moins du monde ſoupçonné de poiſon. Il n'apporte d'autres raiſons pour ſouſtenir ſon opinion que des iniures & des calomnies, en diſant que ceux qui ſe ſeruent de l'Antimoine ſont *des heretiques, & ſemeurs de Nouueautez, que l'Antimoine eſt vn poiſon priuilegié, & que ceux qui s'en ſeruent ſont ignorans, & Empiriques qui ne ſçauent pas la bonne, ſeule, veritable, & ancienne Medecine dogmatique, laquelle Empirique regne à preſent, & qu'il a eſté condamné de poiſon par vn pretendu Decret ſur-anné de 1566.*

Mais encore qu'il ne ſeroit pas neceſſaire de répondre aux repliques dudit ſieur Blondel, & qu'il ſuffiroit de luy alleguer vne fin de non recenoir, y ayant preſcription entre preſens, depuis trente ans ou enuiron, & qui auoient le pouuoir en main, & que *Res eſt iudicata :* neantmoins pour faire connoiſtre ſon mauuais droict, & ſes iniuſtes pretentions & vexations, & contrauentions aux Statuts & Decrets de la Faculté, & que ce qu'il en a fait n'eſt que pour empêcher que ladite Oppoſition ne ſoit remiſe dans les Regiſtres, il ſemble qu'il eſt expedient de répondre ſommairement à ſes obiections, qui ſont comme des foibles moyens de Requeſte ciuile, contre ce qui a eſté iugé & decidé par l'Eſcole, & l'experience iournaliere plus forte que tout ſon raiſonnement, & qu'il eſt non receuable a alleguer ſes moyens & cauſes d'oppoſition, y ayant preſcription, pour raiſon du Codex, depuis trente années ou enuiron.

Et premierement pour iuſtifier que les Medecins qui ſe ſeruent de l'Antimoine ne ſont point heretiques & ſemeurs de nouueautez, il ſuffira ſans rapporter icy toutes les raiſons & les authoritez qui ont eſté miſes dans les liures meſmes durant la conteſtation, & tous les noms des Auteurs qui l'ont approuué, & comme les Grecs, les Arabes, & les Latins, l'ont appellé, & s'il eſt compoſé de Bithume arſenical, & de pur ſoulphre, & Mercure metallique, & vn peu de ſel : de dire qu'Hippocrate, qui viuoit il y a enuiron deux mil ans, s'eſt ſeruy de l'Antimoine ſous le nom de *Tetragonum* pour la gueriſon *du Miſerere,* comme l'a remarqué le ſieur Martin, premier Medecin de la Reyne Mere, & Profeſſeur du Roy, dans le Commentaire qu'il a fait ſur le liure d'Hippocrate des maladies internes, qui parle en ces termes, *Manifeſtè hic Hippocrates*

pocrates agnouit vim purgantem ſtibij, quod cur Tetragonum vocet hanc habere poſſumus coniecturam ; Plinio fiunt Paſtilli ex ſtibio, qui fortè quia quadranculares erant dicebantur Tetragoni. Gal. in exegeſi vocum Hipp. Interpretatur, aut inventas in ſtibio cruſtas, aut ipſummet ſtibium & niſi velit Hipp. per eos dari, fortè ex hoc medicamento efficiebat Errhinon quod huic morbo erat vtiliſſimum, quia purgabat & reuellebat : Dioſcorides exportione dupla ſalis, & elaterio & ſtibio efformat pilulas purgationis cauſa.

On ſçait bien qu'il y en a qui pour eluder cette forte authorité du plus grand des Medecins, lequel au rapport de Macrobe, *Nec fallere, nec falli vnquam potuit*, diſent que ce liure des maladies internes n'eſt pas d'Hippocrates, faiſant en cela comme les Heretiques qui nient le Purgatoire, & diſent que le liure des Machabées eſt apocryphe, où il en fait mention expreſſe, mais Galien ſon fidele interprete détruit cette obiection, & le reconnoiſt pour tel au Commentaire de l'Aphoriſme 27. du liure 6. & de la particule 18. de la ſection 3. des articles.

Que ſi l'on doute du merite & de la grande doctrine dudit ſieur Martin, & de la connoiſſance qu'il auoit de la langue Grecque, Hebraïque, & autres langues, comme l'a remarqué monſieur Seguin l'ancien premier Medecin de la Reyne, dans l'Eloge qu'il a fait dudit ſieur Martin ; on ſçaura qu'il fut éleu & choiſy par le Roy Henry le Grand auec Mr le Cardinal du Perron pour aſſiſter à la celebre diſpute qui fut faite à Fontainebleau en l'année 1600. en preſence du Roy, contre du Pleſſis Mornay.

Galien qui viuoit ſous l'Empereur Antonin s'en eſt auſſi ſeruy, & dit que l'Antimoine a vne faculté deſſicatiue & aſtringente, & qu'il eſt bon pour les vlceres des yeux ; & Dioſcorides, Paul, Æginete, Ætius, & tous les Autheurs Grecs ſont de meſme ſentiment que Galien, & meſme Auicenne & les Arabes diſent qu'il empeſche le flux de ſang par les narines, deterge les vlceres, & les conſolide, & conſerue les yeux qui ſont les parties les plus ſenſibles & delicates de tout le corps.

Mais ſi on veut s'arreſter & ſe ſeruir ſeulement des preuues du ſiecle paſſé, Droüet celebre Medecin de Paris, dans le liure qu'il a fait de *Peſtilentiâ*, imprimé en l'an 1572. chap. 11. dit que l'Antimoine eſt vn ſouuerain remede contre la Peſte, que chacun ſçait eſtre la plus grande de toutes les maladies, car   -------- *Inque ipſos ſana medentes*
Ouid.
    Erumpit clades, obſuntque authoribus artes.

Et vn autre ancien a bien oſé dire que, *Satius erat perire gladio quàm peſte*, duquel remede il s'eſt meſme ſeruy auparauant que Mathiole, le plus celebre Medecin de l'Italie, euſt mis en lumiere ſes Commentaires ſur Dioſcorides, lequel apres auoir rapporté pluſieurs belles Hiſtoires & Cures merueilleuſes faites par le moyen de l'Antimoine, dit que dans les maladies chroniques, pituiteuſes, & melancholiques, on peut l'appeller auec verité la Main de Dieu. Voicy comme en parle ledit Droüet, *Aſſumenda eſt 31. Electuarij noſtri, cuius compoſitio adſcripta eſt cap. 8. & tribus aut 4. horis poſtea prouocandus eſt vomitus cum Antimonio cuius compoſitionem ad finem huius diſceptationis adſcripſimus, vt*

C

autem faciliùs & minori cum moleſtia vomant ægri ſuper bibere debent iuſculum pulli gallinacei, vna aut duabus horis poſt deuoratum vomitorium medicamentum idque repetent quoties vomendi deſiderium iam iam ad futurum præſenſerint ægroti, Nam praui illi ſucci quos Antimonium pellexit in capacitatem ventriculi cum iuſculo permixti ſine vllo tædio reiicientur. Eſt enim vomitus ſine cibo laborioſus. Il n'eſt donc pas vray de dire que l'Antimoine ſoit vn remede nouueau, & encore moins vn poiſon priuilegié, puis qu'Hippocrate & Galien s'en ſont ſeruis, l'vn pour guerir les maladies internes, & l'autre les externes, & que le grand Hippocrate dans ſon *Iuſiurandum* fait iurer à ſes écoliers par Apollon & Eſculape qu'ils ne donneront iamais de poiſon. *Neque vero preces apud me adeo valida erunt, vt venenum alicui ſim propinaturus.* Et conſequement puis qu'Hippocrate ordonne l'Antimoine au liure des maladies internes pour le *miſerere,* ſans conteſtatiõ ce ne peut pas eſtre vn poiſon.

Et pour preuue de ce, il eſt important de remarquer qu'on appelle poiſon ce qui altere, détruit, & corrompt noſtre ſubſtance, & ne peut eſtre iamais changé par la Nature. Or ſi l'Antimoine eſtoit de cette nature; il auroit fait mourir tous ceux qui en ont pris ; & tant de perſonnes ne luy deuroient pas le recouurement de leur ſanté , car il eſt certain que tout agent naturel, fait touſiours ſon meſme effet ; comme il ſe void par l'exemple du feu, lequel de ſa nature eſtant chaud & leger tend touſiours en haut, & la pierre deſcend touſiours en bas, de meſme ſi l'Antimoine eſtoit vn pur poiſon comme l'arſenic, qui ne pût eſtre corrigé par quelques preparations & corrections qu'on y pût apporter, pas vn ne ſeroit échappé de tous ceux auſquels ce remede a eſté ordonné, à moins d'auoir pris du contrepoiſon à l'inſtant : & le ſieur Germain ne ſeroit pas à preſent Medecin de la Reyne de Pologne, qui en a pris par le conſeil du ſieur Cornuti celebre Medecin , eſtant abandonné de tous ſes Confreres : & le ſieur Renaudot, Autheur du Liure intitulé, *l'Antimoine Triomphant ,* ouurage digne de ſon bel eſprit, qui doit la vie à ce remede qui luy fut ordonné par le ſieur Guenaut : comme auſſi le ſieur Vignon, Doyen de la Faculté de Medecine qui en a pris auec vn tres-heureux ſuccez, ayant eſté grieuement malade d'vne fiévre double tierce durant ſix ſemaines. De maniere qu'on peut dire que le ſieur Blondel, *Amat ignorare quod alij gaudent cognouiſſe.*

Tertull.

Que ſi ledit Antimoine, comme le mercure, ou vif-argent, la ſcammonée, l'ellebore, la collocynthe, le lapis l'azuli, & vne infinité d'autres medicamens, ont quelques qualitez mauuaiſes, qui peut douter qu'elle ne ſe puiſſent corriger par le feu qui purifie toutes choſes, & par les calcinations, lotions, preparations, corrections, & mélanges d'autres medicamens ; & c'eſt ce que la Faculté a fait lors qu'elle a inſeré dans le Codex le Vin Emetique, auec la preparation & correction qu'elle luy a donné ; *Certi ſunt domitores ferarum qui ſæuiſſima animalia, & ad occurſum exterrentia hominem docent pati ſub iugum, nec aſperitatem excuſſiſſe contenti vſque in contubernium mitigarunt , Leonibus Magiſter manum inſertat , tigrim*

Senec.

osculatur suus custos, Elephantem minimus, & Æthiops iubet subsidere in genua ambulare per funem, sic sapiens artifex est domandi mala. Peut-on pas dire de mesmes que les Medecins sages, prudens & sçauans par leurs longues experiences, ont appris à si bien corriger & preparer les medicamens les plus violens, & les ont tellement adoucis, rendus benins, & propres & vtiles pour guerir les maladies les plus fascheuses, qu'on s'en peut seruir auec vn tres heureux succez, & sans crainte ? La Faculté demeure d'accord de cette verité dans ladite Defence faite par ledit sieur Moreau, & qui peut seruir de Réponse à tout ce que peut dire le sieur Blondel au volume 13. desdits Registres fol. 152. page 55. & 56. qui decide & iuge entierement le differend des parties, & détruit les iniures & calomnies que le sieur Blondel dit contre ses Confreres, qui veut qu'on ne parle non plus de l'Emetique, que S. Paul vouloit qu'on parlast d'vn peché dangereux, dont il defendoit mesme le nom : *Ne nominetur quidem inter vos.* Voicy comme parle la Faculté. *Il est vray que nous auons autrefois condamné l'Antimoine comme venin, & quelques autres medicamens chymiques, comme violens : Il est vray aussi qu'en les proposant nous les approuuons dans nostre Liure : Ce n'est donc pas sans raison que nous l'auons condamné, de peur qu'estant mis à la discretion des ignorans, comme vne espée en la main d'vn furieux, il n'en arriuast des effets sinistres & calamiteux, tels qu'on a autrefois obserué : Nous l'approuuons maintenant en le mettant dans la main des Medecins sages & prudens qui s'en sçauront bien ayder en temps & lieu, & selon la preparation & correction que nous luy donnons.*

Il est donc constant que l'Antimoine n'est point vn poison, & encore moins vn poison priuilegié, estant vn crime de dire que le Roy, qui seul donne & octroye les Priuileges dans son Royaume, en ait donné vn pour vn poison contre sa sacrée Personne, & la santé de ses suiets : Mais bien au contraire, on peut dire auec verité que l'Emetique est vn Antidote priuilegié ; & comme dit Mathiole, LA MAIN DE DIEV, à cause de ses vertus singulieres, puis que comme les poisons attaquent le cœur, & détruisent le principe de la vie, & les Antidotes le conseruent, & que le cœur des Roys est en la main de Dieu ; que le ROY a esté guery de sa plus grande maladie par vne double main de DIEV.

Et quant au pretendu decret sur-anné de 1566. dont se veut preualoir ledit sieur Blondel, ce n'est qu'vn écrit d'vn Doyen fabriqué apres son Decanat, la Faculté n'ayant point esté assemblée, *speciali articulo,* pour le faire suiuant la coustume, estant datté des Calendes d'Aoust, & cependant il n'en fait aucune mention dans les Decrets des mois de Iuillet & d'Aoust, Tome sept, fueillet 128. où il deuoit estre mis au fueillet 431. apres le Decanat ; il l'intitule, *Censura,* & sans qu'il paroisse d'aucuns Docteurs deputez pour la faire : Et pourquoy, ny d'aucun rapport apres comme il se pratique. Et au bas est escrit, *Datum,* en rature ; & au dessus *Decretum, conuentu habito,* qui ne sont les termes dont on vse pour faire vn Decret, mais *indictis more solito per Schedulam comitiis, nominatim;* ou, *speciali articulo ;* ou, *Facultas congregata per maiorem Bidellum.* Et au commencement on a pareillement raturé, *Doctores :* & la Faculté assemblée n'auroit point dit, *Stibij & Antimonij,* n'estant qu'vne mesme chose l'Antimoine & le Stibium, dont on n'auoit pas aucune connoissance. Il est dit de plus, *Apud Patronum Regium,* non pas, *Triumuiros Regios sedentes pro Tribunali.* Ce fut, à ce qu'ils disent, chez Monsieur du Mesnil, qui estant malade, trois Medecins consultans sur sa maladie, parlerent en sa presence de l'Antimoine qu'ils blasmerent ne le connoissant pas : Et là dessus, Monsieur l'Aduocat General fauorisant & approuuant leur opinion, conclud qu'il le falloit censurer ; Et encores il est adiousté : *Omnium qui in Medicina claruerunt authoritate tum alibi :* Ce qui est fort contraire à la verité, puis qu'Hippocrate, Galien, Dioscorides, Paul Æginete, Ætius, Oribasius, Actuarius Myrepsus, Ruffus, Ephesius, Alex. Trallianus, Aretæus, Celsus, Scribonius, Largus, Marcellus, Grecs & Latins renommez entre les Princes de Medecine, ny les Arabes, ne le qualifient de poison ; & *l'Alibi,* monstre assez l'incertitude, & on n'vse point de ces termes dans des Decrets qui doiuent estre faits *in loco maiorum* dans les Escolles. Et en suite, *tum rationibus ;* Mais en ce siecle leurs raisons ont esté des iniures & calomnies, & des libelles diffamatoires condamnez par lesdits Arrests ; & ils se sont seruis de raisonnemens de Chymiques & empiriques condamnez par la Faculté & les Arrests de la Cour, qui ont condamné de Claues, & le Philosophus Miles, qui vouloient détruire les quatre Elements d'Aristote, si bien établis par toute la Philosophie & la Medecine depuis tant de siecles. Enfin dans ledit pretendu Decret il est dit, *Non posse quauis præparatione emendari, vt intro citra molestissimam noxam possit assumi :* mais la preparation faite auec le soulphre & le nitre, comme il est dans le Codex ne reçoit aucune difficulté, & s'il y a quelque obiection à faire, c'est à cause de la violente operation, qui ne se rencontre point dans la preparation de l'Antimoine diaphoretique, d'autant qu'il n'est point purgatif, & se prend tous les iours par la bouche auec tres-heureux succez. Et quand il seroit purgatif, s'en seruant auec les precautions qu'y apporte ledit Droüet, comme on fait à present, & preparé & corrigé comme il est dans le Codex, il seroit sans danger.

Mais quand bien ledit pretendu Decret seroit en bonne forme, que non, on peut dire que l'Antimoine n'estoit pas encore assez connu dans la pratique ordinaire de la Medecine, estant certain d'ailleurs que *posteriores constitutiones derogant prioribus,* dit la Loy : & chacun sçait que les Coûtumes ne sont pas comme elles estoient auparauant la reformation d'icelles. *Multum egerunt qui antè nos fuerunt, sed non peregerunt, multum adhuc restat operis, multúmque restabit, nec vlli post mille sæcula præcludetur occasio aliquid adijciendi.*

Senec.

Mais si le sieur Blondel & ceux de son party eussent esté assez touchez du zele de la charité, & de l'interest du bien public, pouuoient-ils pas en consequence de l'Arrest du 4. Ianvier 1652. donné sur les conclusions de Monsieur le Procureur General, qui ordonne que toutes choses

demeureront

demeureront en eſtat, alors qu'on a voulu donner atteinte audit Codex pour porter l'affaire à l'Audiance ; & ſi l'Antimoine eſtoit vn pernicieux poiſon, comme ils alleguent, faire donner vn Arreſt ſolemnel, auec de-fences à tous Docteurs de s'en ſeruir dans la pratique de la Medecine, ſur telle peine qu'il auroit pleu à la Cour d'arbirrer, mais bien loin de ce, ils ſont demeurez dans le ſilence ; & pour monſtrer que par ialouſie & enuie, ils taſchoient pluſtoſt de détruire la reputation de leurs Con-freres, que ledit remede, il ſeroit ayſé de iuſtifier, qu'ils diſoient par des libelles imprimez qu'il falloit faire le procez à ceux qui ſe ſeruoient dudit remede, & neantmoins ils en donnoient eux-meſmes aux malades com-me les autres dans les plus griefues maladies, comme auſſi par leurs or-donnances, & le teſmoignage des Apoticaires qui ont preparé ledit remede, ſi beſoin eſtoit, & encore par ceux qui luy doiuent la vie & la ſanté, & ſont autant de témoins irreprochables de la bonté de l'Eme-tique ; & cét Arreſt donné ſur les concluſions de Monſieur le Procureur General, fait aſſez voir que la Cour a bien connu quel eſtoit l'eſprit de ceux qui vouloient oſter l'Emetique du Codex, ſous pretexte d'vne re-forme, qui n'a pas eu l'effet qu'ils s'eſtoient promis, & qu'il eſt vray de dire. *Non ſemper ſcelera noſtri ſunt juris.*   Senec.

Mais il eſt à remarquer que dans la conteſtation qui a eſté dans la Faculté, touchant l'Emetique, ſoixante & vn Docteurs l'ont approuué par leurs ſignatures, & ont rendu témoignage à la verité. Les autres par des Libelles diffamatoires ont calomnié leurs Confreres, & neantmoins ils s'en ſeruoient eux-meſmes. Les derniers pour quelques conſidera-tions ſe ſeruent dudit Emetique, & n'ont point ſigné. Comme les ſieurs Boujonnier, Charpentier, Moriſſet, Brayer, Puylon, Mathieu, Preaux, Germain, Le Vaſſeur. Et les ſieurs Merlet, Moreau, Autheur de la De-fenſe de la Faculté, Pietre, le Conte, Cornuti, & autres decedez, s'en ſont ſeruis, qui ne ſont & n'eſtoient tous, ny heretiques & ſemeurs de Nouueautez, ny Empoiſonneurs priuilegiez, ny ignorans & Empiriques.

Il eſt vray qu'entre les ſoixante & vn Docteurs qui ont ſigné & ap-prouué l'Emetique, il y en a vn, lequel apres auoir veu que le Roy en auoit eſté guery, au lieu de rendre graces à Dieu de ce qu'il auoit beny vn remede qu'il auoit loüé & confirmé auec ſes Confreres, fit paroiſtre au iour vne Epigrame dont la pointe eſt digne de ſon eſprit, & merite bien qu'on y faſſe quelque reflexion.

> *Nil mirum in Stygias ſi non demiſerit vmbras*
> *Te Stibium (ô ! Noſtrum* Rex Lodoïce *decus* !
> *Seruarunt vitam victricia fata Miniſtri,*
> *Praſidibuſque Deis, ipſa venena juuant.*

Quelqu'vn des ſoixante Docteurs qui reſtoient, apres que cét Au-theur eût quitté leur party, creut eſtre obligé de luy faire cette repartie.

> *Doctorem ſtygias minitantem Regibus vndæ,*
> *Quis* Maiestatis *non putet eſſe reum ?*

Is, medicos inter ſtibium qui ritè propinant,
Illi cum ſocijs nomen & ipſe dedit
Nunc damnans per quod vita eſt ſeruata MONARCHÆ
Deſipit, aut per eum res bona faĉta mala eſt.

Reſte à répondre à ce qu'a dit le ſieur Blondel, que ceux qui ſe ſeruent de l'Antimoine ſont Ignorans, Empiriques, & ne ſçauent pas la
bonne, ſeule, veritable, & ancienne Medecine dogmatique ; mais il faut
qu'il ſçache que la Medecine eſt fondée ſur la raiſon & l'experience,
& que tous les Medecins qui ſe ſeruent de l'vn & de l'autre ne doiuent
pas eſtre appellez pour cela Empiriques, mais ſeulement ceux leſquels ſe
fondent ſur l'experience ſeule, ſans aucune raiſon, & donnent des remede ſans aucune connoiſſance de cauſe, negligent d'apprendre les choſes
naturelles, non naturelles, & contre nature ; & ſe ſeruent, comme dit Gal-
lien, d'vn remede experimenté ſur vne partie qu'ils appliquent à vn autre :
comme par exemple s'eſtant ſeruis de l'oxyrrhodin, remede compoſé d'huile
roſat, & du vinaigre, pour vne inflammation du pied, ou du bras, ils l'ap-
pliquoient à l'inflammation de l'œil, ſans connoiſtre ſa compoſition, ſon
temperament, & ſon ſentiment exquis, & ſa nobleſſe ; auquel ces deux
choſes ſont extremément contraires ; & ainſi paſſoient des remedes en remedes, de parties en parties, de maladies en maladies, ſe ſeruant de l'ar-
gument, *à ſimili*, ſeulement.

Or il eſt certain que la pluſpart des remedes qui n'agiſſent point par
leurs premieres qualitez, ou ſecondes, mais par des qualitez occultes, ou
comme on parle dans l'Eſcole, *à forma, aut tota ſubſtantia*, ont eſté trou-
nez par les experiences ; comme ſont les remedes purgatifs, la rhubarbe,
l'agaric, le ſené, la colocynthe, l'ellebore, le mercure, & l'antimoine,
dont leurs effets ne peuuent eſtre attribuez aux premieres & ſecondes
qualitez ; & pour preuues de ce, la rhubarbe, l'agaric, & le ſené, qui
ſont trois remedes chauds, l'vn purge la bile, l'autre la pituite, & l'autre
l'humeur melancholique ; & s'ils purgeoient par leur chaleur, ils purge-
roient tous les meſmes humeurs, & tous les remedes qui ſeroient chauds
en pareils degrez ſeroient purgatifs plus ou moins ; ce qui n'eſt pas comme l'on voit, car le poivre, le gingembre, la canelle, & autres aromates,
quoy que chauds, ne ſont nullement purgatifs.

Il ne ſera pas hors de propos de rapporter ſur ce ſuiet ce que dit Fal-
loppe touchant l'aymant, & le mercure, *Duo ſunt in rerum natura quæ mihi*
admirationem pariunt, magnes & hydrargyrus, quid alij dicant ſcio, ſed quomodo
id fiat penitus ignoro ; & de fait les Medecins iuſques à preſent ſont encore
en doute ſi le mercure eſt chaud ou froid, & comment il prouoque le
flux de bouche (purgation inconnuë aux anciens) & fait auſſi des eua-
cuations par les ſelles, les vrines, & les ſueurs, & l'inſenſible tranſ-
piration, quoy que chacun ſçache qu'il eſt l'Antidote de la maladie
venerienne, trouué par l'experience de *Iacobus Carpenſis*, Medecin de
Ferrare, au rapport du meſme autheur, & depuis luy, apres cette pre-

miere experience, les Medecins qui l'ont suiuy par des disputes, & les conferences & experiences particulieres, ont trouué qu'il estoit bon aussi pour la guerison de plusieurs autres maladies. Ainsi les Antidotes, les venins, & les medicaments purgatifs, n'ont esté connus que par l'experience, & vn long vsage ; & l'on n'a pas besoin de l'experience pour connoistre que l'absinthe, la colocynthe, & la petite centaurée, sont remedes chauds, car leur saueur amere le justifie assez, non plus que pour sçauoir, si le tout est plus grand que sa partie. *Experiri est quippiam effectu probare ; Ea enim experientiâ nosci debent quæ nec sensus percipere, nec ratio vlla consequi potest, atque hæc forte sola vel casu deprehenduntur, ac sæpè diûque quæsita fortuitò plerumque inueniuntur, & occurrunt nobis, sic sanè & purgantium medicamentorum, & alexipharmacorum cognita vis est :* Fernel. Ainsi la Faculté apres ledit pretendu Decret de 1566. ledit Antimoine n'estant pas lors assez connu par la suitte des temps, (l'experience qui sert de raison lors que les demonstrations & la preuue tirée des sens manque) en ayant fait connoistre la bonté, a suiuy dans sadite defense le sentiment du Philosophe, qui dit, *Præstat atque adeo oportet etiam ita veritati nos addictos esse, vt præ illa vel nostra ipsorummet Decreta euertere non dubitemus.* Et c'est ce qui a fait dire à l'Hipocrate Latin, comme autrefois la Medecine a esté inuentée, & establie, *Medicina orta sub inde aliorum salute, aliorum interitu perniciosa discernens à salutaribus, repertis : deinde iam Medicinæ remediis homines de rationibus eorum disserere cœperunt, nec post rationem medicina inuenta est, sed post inuentam Medicinam ratio quæsita est.* Cels. C'est pourquoy il faut rechercher la cause & la raison de toutes choses, & dire comme le Poëte :

Fœlix qui potuit rerum cognoscere causas.

& suiure le sentiment de l'Orateur Romain, qui dit que : *Quidquid oritur qualecumque sit causam à natura habeat necesse est, & etiam si præter consuetudinem extiterit, præter naturam tamen non possit existere. Causam igitur inuestigato in re noua atque admirabili si potes, si nullam reperies, illud tamen exploratum habeto nihil potuisse fieri sine causa, eumque errorem quem rei nouitas attulerit natura ratione depellito.* Cicer. Il est donc permis au sieur Blondel suiuant ce raisonnement de rechercher la cause pourquoy l'Aymant attire le fer, & le Mercure est l'Antidote de la verole ; & l'Antimoine est le plus excellent vomitif que nous ayons, mais non pas de calomnier ses Confreres ; & apres tout, il faudra qu'il reconnoisse que ;

Multa tegit sacro inuolucro natura : neque vllis
Fas est scire quidem mortalibus omnia : multa
Admirare modò necnon venerare : neque illa
Inquires quæ sunt arcanis proxima, namque
In manibus quæ sunt, hæc nos vix scire putandum est,
Est procul à nobis adeo præsentia veri.

Lucret.

Enfin il faut que tous les Medecins rationels demeurent d'accord que tous les Grecs, les Arabes, & les Latins, qui ont profeſſé la Medecine, diſent que le vomiſſement critique, ou prouoqué par l'artifice de la Medecine, eſt propre à guerir pluſieurs maladies, quand il eſt facile & moderé, c'eſt la plus excellente de toutes les purgations, car il tire & euacuë les humeurs de leurs ſources, & purge premierement toute l'impureté contenuë dans l'eſtomach, & dans ſes tuniques ou membranes, & enſuite celle des parties nourricieres ſçauoir, du foye, de la ratte, & du pancreas, laquelle, ny l'hiere, ny d'autres medicamens violents ne peuuent tirer & euacuer, les conduites d'ailleurs eſtans plus faciles & plus proches pour vuider les humeurs par l'eſtomach, que par le bas ventre; & l'on peut dire que le vomiſſement décharge premierement ces parties voiſines, & enſuite ſoulage la teſte, & tout le corps : C'eſt pourquoy il eſt fort conuenable à la perte d'appetit & dégouſt à la nauſée, aux vomiſſemments frequents, aux tentions des hypochondres, à la iauniſſe, bouffiſſeure, aux fiévres intermittantes, à la migraine, aux vertiges, à l'incube, au mal caduc, à la ſuffuſion, à l'apoplexie, & à toutes les affections du cerueau qui viennent par la ſympathie des entrailles, & partant en quelque maladie que ce ſoit, ſi l'appetit eſt depraué, & qu'il y ait de frequentes nauſées, & enuies de vomir, ſi la purgation par bas ne peut apporter aucun ſoulagement, il faut prouoquer le vomiſſement, en vn mot comme dit le Docte Fernel. *Quæ non eluit purgatio extirpat vomitus.*

Mais ce n'eſt pas aſſez que le vomiſſement ſoit propre & conuenable à la gueriſon de tant de maladies, il a fallu trouuer quelque remede qui le pût prouoquer lors que la nature eſtoit trop ſurchargée d'humeurs, & trop foible & languiſſante pour en faire l'euacuation. C'eſt à quoy la Faculté a trauaillé, & s'eſt eſtudié l'ors qu'elle a fait le Codex par l'ordre de Meſſieurs de la Cour de Parlement, elle a donc reconnu que l'Ellebore blanc, duquel ſe ſeruoit Hippocrate & Galien, pour faire vomir, eſtoit fort dangereux, & excitoit de grandes fiévres, & des conuulſions mortelles, ſoit que nous n'ayons pas en ces pays le vray Ellebore dont ſe ſeruoient les Grecs, ſoit que nos corps ſoient trop foibles & delicats pour reſiſter à ſa violence, laquelle eſt aſſez connuë d'ailleurs par ſes grandes precautions dont ils ſe ſeruoient pour en donner. l'*Aſarum*, dont quelques Medecins ont voulu ſe ſeruir, duquel on a meſme fait vn electuaire nommé *Diaſaru*, pour cét effet, eſt tellement chaud, que ſes racines & ſes fueilles au rapport de Dioſcorides mordent fort la langue, & purgent auec meſme violence que l'Ellebore blanc, le *Ricinus*, ou, *Palma Chriſti*, excite auſſi le vomiſſement, mais le meſme Autheur dit que cette purgation eſt fort faſcheuſe, & renuerſe entierement l'eſtomach, le *Coagulum aſari*, l'extrait d'Ellebore de cyclamen, & de bryone, & le vomitif des noix vertes, de raues & vinaigre diſtillé font le meſme effet ; & quant aux vomitifs tirez des mineraux, l'experience iournaliere fait veoir que le vitriol, & le *Gilla paracelſi*, & la gutte gomme auec l'huylle de canelle, & le pignon d'Inde, & autres, ſont beaucoup plus violens que l'Emetique d'Antimoine preparé & corrigé

ſuiuant

fuiuant l'ordonnance du Codex, & pour le regard des legers vomitifs comme l'hydrelæum, ou l'eau & l'huyle meflés enfemble, & la decoction de graine de raues & d'atriplex, ils ne font aucun effet confiderable, comme chacun fçait.

On peut donc conclure de ce que deffus, que fi l'Emetique n'auoit point efté inferé dans le Codex par l'ordre de la Faculté, & par les grands foins des fieurs du Chemin ancien Doyen, & premier Medecin de la Reyne Mere, & du fieur de faint Iacques, auffi ancien Doyen, aufquels la pofterité eft redeuable, & le confeil de tant de celebres Medecins, durant plufieurs Seances & conferences faites *Speciali articulo*, qui y ont trauaillé. Il faudroit à prefent le faire imprimer par neceffité pour la feconde fois, & luy inferer auec d'autres remedes trouuez par l'experience des plus employez Medecins depuis la premiere edition, comme l'Antimoine diaphoretique, la refine de Ialap, le chocolat, le Thé, & autres : *Neceffitas lex eft temporis, illa eft quæ nauigia iactu exonerat, ruinas* Senec. *incendia opprimit, pro Republica plerumque templa nudantur, & in vfum flipendij dona conflantur.*

On fçait bien (comme difoit Herophilus) que les medicaments donnez par des fçauans & fages Medecins, font les mains falutaires & bien-faifantes des Dieux ; & par des ignorans & empiriques ce font des poifons, & que ce remede non plus que le fené, & tous les autres, ne doiuent pas eftre ordonnez par telles gens, *Qui experimenta faciunt per mortes,* Plin. & font des vrais empoifonneurs & homicides ; comme difoit ce grand Homme d'eftat, *Nec eft quod delictum lapfus excufet, homicidij crimen eft in* Caffiod. *hominis falute peccare :* & l'on ne void que trop fouuent, qu'ils donneront ce remede, & d'autres de mefme nature, à des Phthifiques, Afthmatiques, & autres fuiets à des crachemens de fang, & qui ont douleur & inflammation aux vifceres, & la poitrine foible, le col long & grefle, qui vomiffent auec grande difficulté & danger, & n'apportent aucune preparation pour faciliter le vomiffement à ceux qui font exempts des maladies fufdites, ne fçachant pas ce que dit Hippocrate, que *Corpora cum quifpiam purgare voluerit, fluida facere oportet,* laquelle preparation confifte à temperer les humeurs échauffez, & attenuer & incifer ceux qui font vifqueux, groffiers & efpois, & à rendre les conduits libres & ouuerts, par lefquels il en faut faire l'euacuation.

Pour ces moyens & raifons, la Faculté efpere de la bonne Iuftice de la Cour, que ladite oppofition dudit Theuart fupprimée dans les Regiftres y fera remife pour le bien public, & la recherche de la verité, & la conferuation des Statuts & Decrets, & la liberté de tous les Docteurs, & qu'ils ne feront pas interdits par vne Loy tyranique, que leur veut impofer & eftablir le fieur Blondel de rechercher la verité, laquelle ne s'eftablit que par les difputes, comme l'on voit, que par la collifion,

Ex filicis venis radians excuditur ignis.

C'eft pourquoy fuiuant le confeil de Galien, *Audendum eft & veritas inueftiganda, quam etiam fi non affequamur, omnino tamen prius quàm nunc fumus ad eam perueniemus* : Donc la raison & l'vsage doiuent nous seruir de Regle, *vsus magister est optimus.* Car il est des medicamens comme du langage, ainsi que l'a fort bien remarqué & appliqué le docte Syluius.

> *Multa renascentur quæ iam cecidère cadentque,*
> *Vsurpata modo medicamina si volet vsus,*
> *Et ratio, Medicis duo præstantissima doctis.*
> *Instrumenta quibus quærunt, carpuntque, docentque.*

Ainsi par vne longue expererience de tous les Medecins, on a trouué que l'Emetique estoit vn excellent vomitif, à comparaison de ceux dont les anciens se sont seruis faute d'en auoir trouué iusques à present de meilleurs. C'est ce qui a obligé la Faculté de l'inserer dans son Codex, & le sieur Blondel veut le destruire & empescher le bien & l'vtilité publique, comme si les esprits de ce siecle ne pouuoient rien produire de nouueau : Ne sçait-il pas ce qu'a dit Pline le ieune sur ce suiet ? *Sum ex ijs qui mirer antiquos, non tamen, vt quidam, temporum nostrorum ingenia despicio, neque enim quasi lassa & effœta natura, vt nihil iam laudabile pariat.* Et bien au contraire, il se sert dans la pratique d'vn electuaire de Psyllio, qui a esté reietté & condamné par la Faculté, lors de la confection du Codex, voicy comme elle en parle, *Die Veneris 23. Iunij examinatum & reiectum est electarium de Psyllio, anno 1623. Decano domino du Chemin.* Il n'est donc pas iuste par vne oppression violente tenir ansi la verité dans l'iniustice, & empescher que les Docteurs ne puissent eqrire, lire, disputer, & faire des Theses dans les Escoles pour sçauoir si l'Emetique est bon contre la peste, comme l'a éprouué ledit sieur Drouet Medecin de l'Escole de Paris en l'an 1572. où aux maladies chroniques pituiteuses, & melancholiques comme le dit Mathiole celebre Medecin de Siene en l'année 1580. Ou au *miserere* comme Hippocrate, ou aux vlceres des yeux, ainsi que Galien au 9. liure des simples medicamens, & tous les Medecins Grecs & Arabes, imitans en cela ceux qui ont suiuy ledit *Iacobus Carpensis* sur le suiet du Mercure, ou vif argent, lequel apres auoir trouué le premier au siecle passé, qu'il estoit l'Antidote de la maladie venerienne, tous les malades auparauant attaqués de ladite maladie mourants en langueur par la pourriture de leurs membres, & entre les Medecins qui l'ont suiuy, par leurs conferences & disputes & experiences, les vns ont trouué qu'il estoit bon aussi pour guerir les escroüelles, les autres pour les vieilles obstructions du mesentere, les autres pour la ladrerie, & autres maladies : & mesmes le sieur Seguin premier Medecin de la Reyne, en a soûtenu vne These dans les Escoles, & conclud, *Ergo Elephantiasi Hydrargyrosis.* Que si les pretentions iniustes du sieur Blondel auoient lieu, il empescheroit qu'il n'en arriuast de mesme en ce siecle de l'Emetique : Et qu'vn celebre Medecin ayant trouué le premier qu'il estoit bon pour l'apoplexie, vn autre ne pût voir & examiner s'il est bon aussi pour guerir les fiévres tierces, quartes, & autres maladies, ce qui seroit d'vne dangereuse consequence & fort preiudiciable au bien public, puisque les Medecins, qui, comme parle Cassiodore, *Morbo periclitantibus maternâ gratiâ semper assistant, & contra dolores pro nostra imbecillitate confligunt, & ibi nos nituntur subleuare vbi nulla diuitia, nulla dignitas poteft subuenire,* feroient en pire condition que les Philofophes, les Iurifcon-fultes, & les Theologiens, qui jnferent dans leurs Thefes telles queftions qu'il leur plaift, pour rechercher la verité, pourueu qu'il n'y ait rien contre la Religion, ny contre l'Eftat, qui doiuent eftre foûmis, & porter refpect aux ordres de leurs Facultez, & garder tous leurs Statuts & Decrets.

Partant la Faculté conclud à ce qu'il plaife à la Cour d'ordonner, que fans s'arrefter à l'Oppofition du fieur Blondel, dont il fera debouté. L'Op-pofition du fieur Theuart fera remife dans le Regiftre de la Faculté à la dili-gence du fieur le Vignon Doyen d'icelle, & qu'il fera permis dorefnauant à tous Docteurs, de lire, d'efcrire, d'enfeigner, difputer, & faire des Thefes de l'Emetique; comme de tous les autres remedes approuuez, & qu'au fur-plus les termes iniurieux & pleins de calomnies, dont le fieur Blondel a vfé dans fes repliques par luy fournies en l'inftance d'appointé à mettre au rap-port de Monfieur Ferrand Confeiller en la Cour, contre tous fes Confreres, feront rayez & biffez, auec defences de recidiuer, fous telles peines qu'il plaira à la Cour, & ce conformement aux Statuts & Decrets de la Faculté, & même à celuy du 15. Février 1656. dont le fieur Blondel fe veut préualoir. Sauf à Monfieur le Procureur General à prendre telles conclufions qu'il verra bon eftre pour le bien public.

DECRETVM SALVBERRIMÆ
FACVLTATIS MEDICINÆ
PARISIENSIS.

IE Lunæ XXIX. Martij conuocata fpeciali articulo Prin-cipis Senatus iuffu, & per Iuramentum à majori Bidello Fa-cultas, vt, DE ANTIMONIO *fuam ferret fenten-tiam præfentibus integerrimis & æquiffimis Senatoribus de-legatis* DD. DE REFVGE, *&* DV TILLET, *&* M. NI-COLAO DOE', *Clariffimi Procuratoris Catholici Vices-gerente.* Cenfuit *nonaginta duorum Doctorum voce ac fuffragio ex congregatis centum atq; duobus, inter purgantia medicamenta* ANTIMONIVM *numerari, & penes vnumquemque Doctorem effe id, occafione data, præfcribere, vt, & de eo fcribere ac difputare publicè, ea lege, vt hæc communi fiant bono, & Ego annuentibus* DD. DE REFVGE *&* DV TILLET *(folo M. Francifco Blondel reclamante) fic conclufi.*

LE VIGNON, Decanus.

VEV par la Cour le Procez Verbal de Meſſieurs HENRY DE REFVGE & IEAN DV TILLET, Conſeillers en icelle, du 29. Mars dernier, en execution des Arreſts rendus les 16. Février & 6. dudit mois de Mars ; Entre Maiſtre IACQVES THEVART Docteur Regent en la Faculté de Medecine en l'Vniuerſité de Paris, Profeſſeur és Eſcoles de ladite Faculté ; Et FRANÇOIS LE VIGNON Doyen de ladite Faculté, d'vne part ; & Maiſtre FRANÇOIS BLONDEL, auſſi Docteur Regent en ladite Faculté : Contenant les Comparutions, Dires, Requiſitions, Oppoſitions & Conteſtations deſdits THEVART, LE VIGNON, & BLONDEL, & Requiſition de Maiſtre NICOLAS DOE', Subſtitut du Procureur General, auec lequel leſdits Conſeillers ſe ſeroient tranſportez és Eſcoles de ladite Faculté ; Enſemble les Avis & Suffrages de Cent deux Medecins aſſemblez en ladite Faculté ſur le fait du Vin Emetique, dont il s'en eſt trouué Quatre-vingt douze, leſquels ont eſté d'avis de mettre le Vin Emetique entre les Remedes purgatifs; Et les huit autres, au contraire, que c'eſtoit vn Venin, & le Decret de lad. Faculté fait enſuite auec leur permiſſion par led. LE VIGNON Doyen d'icelle, dont leſdits Conſeillers auroient donné Acte, & ordonné qu'ils en feroient Rapport ; Et tout conſideré : LADITE COVR a entheriné & entherine ledit Avis & Decret. Ce faiſant, permet à tous Docteurs Medecins de ladite Faculté, de ſe ſeruir dudit Vin Emetique pour les cures des Maladies, d'en Eſcrire & Diſputer. Fait neantmoins inhibitions & defences à toutes perſonnes de s'en ſeruir que par leur avis : Ordonne que le preſent Arreſt ſera leu en la Faculté de Medecine, & inſeré dans leur Regiſtre à coſté du Decret de 1566. qui defend & prohibe de ſe ſeruir dudit Vin Emetique, & feront les Oppoſitions de THEVART & HVREAV, enſemble l'Arreſt de CHARTIER, remis dans leſdits Regiſtres à la diligence du Doyen. Fait en Parlement le 10. Avril 1666. Signé, DV TILLET, & collationné.